*A prática
do amor*

1ª edição - Setembro/2022

Capa
Juliana Mollinari

Imagem Capa
Shutterstock

Diagramação e projeto gráfico
Juliana Mollinari

Revisão
Alessandra Miranda de Sá
Maria Clara Telles

Assistente editorial
Ana Maria Rael Gambarini

Coordenação editorial
Ronaldo A. Sperdutti

Impressão
Gráfica Rettec

Todos os direitos estão reservados. Nenhuma parte desta obra pode ser reproduzida ou transmitida por qualquer forma e/ou quaisquer meios (eletrônico ou mecânico, incluindo fotocópia e gravação) ou arquivada em qualquer sistema ou banco de dados sem permissão escrita da Editora.

O produto da venda desta obra é destinado à manutenção das atividades assistenciais da Sociedade Espírita Boa Nova, de Catanduva, SP.

© 2022 by Boa Nova Editora

Instituto Beneficente Boa Nova
Entidade coligada à Sociedade
Espírita Boa Nova

Av. Porto Ferreira, 1.031 | Parque Iracema
Catanduva/SP | CEP 15809-020
17 3531.4444

www.**boanova**.net
boanova@boanova.net

Dados Internacionais de Catalogação na Publicação (CIP)
(Câmara Brasileira do Livro, SP, Brasil)

Barbosa, Ronel Alvares
 A prática do amor / Ronel Alvares Barbosa. --
Catanduva, SP : Nova Visão Editora, 2022.

 ISBN 978-65-88033-13-5

 1. Amor - Aspectos religiosos 2. Barbosa,
Ronel Alvares 3. Espiritualidade 4. Experiências -
Relatos 5. Francisco de Assis, Santo, 1182-1226
6. Homens - Biografia 7. Narrativas pessoais
8. Relatos de experiências I. Título.

22-125227   CDD-920.71

Índices para catálogo sistemático:

1. Homens : Biografia   920.71

Aline Graziele Benitez - Bibliotecária - CRB-1/3129

Impresso no Brasil – Printed in Brazil
01-09-22-3.000

RONEL ALVARES BARBOSA

A prática do amor

NOVA VISÃO
EDITORA

Sumário

Prefácio 7

Breves palavras 11

Meu primeiro trabalho como voluntário 13

Novos rumos, mas a história e o amor continuam 17

Francisco de Assis, um exemplo vivo de trabalhador de Cristo a todos nós 21

Chico amor, humildade e caridade Xavier 25

Uma missionária da caridade chamada Madre Teresa de Calcutá 29

Caridade segundo Jesus 33

Caridade ainda não é um comportamento espontâneo em nós 35

Caridade e humildade, o caminho para a felicidade . 39

Caridade, o amor em ação 41

Caridade, o ato que alimenta a alma 45

A caridade começa no lar 49

A caridade praticada nos transforma 51

Caridade despertada é um excelente estímulo para a alma 55

A caridade material e a caridade moral 57

Mãos à obra, hoje é o seu dia! 61

Começando nossas atividades no voluntariado 65

Caravana Amigos em Ação 67
Caridade sempre; ela está onde menos se espera 71
Caridade praticada é como o nosso esporte preferido . 75
Na companhia de Jesus 81
O amor em ação resgata corações 87
Deus jamais se esquece de filho algum 93
Não julguemos o livro pela capa 97
Preciosos amigos amam mesmo sem falar 101
O doce que nos remete às boas recordações 105
Considerações finais ao leitor 109
Agradecimentos especiais aos trabalhadores da Caravana Francisco de Assis 111
Mensagem a todos nós 115
Agradecimentos especiais 117

Prefácio

O novo livro de Ronel

Ronel explica que sente a necessidade de escrever sobre O Consolador Prometido por Jesus para acalentar corações cansados, feridos, frágeis na hora do acerto... Os Vedas já diziam que a gratidão é sentimento indispensável para nos ligarmos às luzes do Universo e a Deus, do qual tantas vezes nos afastamos... O apóstolo Paulo de Tarso dizia: "Em Deus estamos e nos movemos", mas o agradecimento provoca um pensamento especial que nos liga ao Criador. Recebemos, então, força, coragem, intuições.

Ronel também analisa o poder da prece, do pensamento positivo, constantes na vivência do autor, que é jovem, alegre, confiante no auxílio do Pai. Convida ao autoperdão, tão difícil para muitos espíritas. É preciso nos perdoarmos, porque todos erramos no passado – e, como lembra Ronel, o fizemos porque éramos ignorantes. Jesus nos apresentou tantas vezes a compreensão do Deus Pai Amoroso, principalmente na "Parábola do filho pródigo", em que fala como o perdão permite que, mais tranquilos, apaguemos os erros por meio do amor exemplificado por Jesus...

O autor, ainda, aconselha a nos prepararmos para o sucesso pela mudança de atitude mental, acreditando que somos, como disse Jesus: "deuses e luzes, o sal da Terra", e que podemos fazer o que ele fez e muito mais! Só a fé em nós e em Deus, ou "fé humana e fé divina", como encontramos em *O Evangelho segundo o Espiritismo*, podem permitir a construção da felicidade possível no planeta Terra.

E o espiritismo nos explica que dificuldades e facilidades são oportunidades de aprendizagem na escola-hospital Planeta Terra. Em *O Livro dos Espíritos*, no trabalho do Mestre de Lyon Allan Kardec, a equipe do Espírito da Verdade esclarece a Kardec que todos somos preparados para a vitória; não existe alguém que reencarnou para agir errado. Repetimos hábitos inadequados do passado por falta do "orai e vigiai" que Jesus ensinou.

Quando fazemos o bem, quando aprendemos a amar o próximo, começamos a nos sentir em acordo com a Constituição Divina, e o bem-estar permite projetar pensamentos melhores e atrair consequentemente outros de qualidade semelhante, o que nos ilumina e fortifica nossas defesas orgânicas. É a Lei: construímos nosso destino como as crianças pequenas constroem seu conhecimento com experiências agradáveis e outras menos agradáveis, mas úteis ao desenvolvimento físico, moral e espiritual.

Desejo que Ronel continue ligado à Espiritualidade Superior, exemplificando a compreensão dos ensinamentos de Jesus na compreensão do sentido da vida, que é exatamente o que o autor nos sugere, fazer o bem sempre.

Há muito o que fazer no nosso querido planeta, e o jovem Ronel está disposto a auxiliar seus irmãos, que moram na mesma casa planetária, a construírem um lindo mundo interior, graças aos recursos da casa espírita, à literatura baseada nos ensinamentos de Jesus e à leitura dos livros indispensáveis de Kardec, assim como programas de rádio e de televisão.

Obrigada, querido Ronel! Continue a escrever e a exemplificar o comportamento espírita.

Heloisa Pires

Breves palavras

    Comecei a escrever este livro na noite de 29 de abril de 2019. Já há algum tempo sentia em meu coração a necessidade de trazer aos irmãos algo que pudesse, de forma simples e fácil de entender, transmitir alguns conceitos sobre a "verdadeira caridade", aquela que Jesus nos ensinou a praticar e exemplificou com suas próprias ações.

    Muitas vezes me perguntei como devemos fazer para exercer a caridade ensinada e exemplificada pelo Cristo. Qual seria a forma mais simples de praticá-la? Estaria ela ao alcance de todos ou só de algumas pessoas?

Nesse contexto, resolvi aprofundar os estudos a respeito dos exemplos da vivência de nosso Mestre amado, bem como de seu grande apostolado.

Tomando como base a nossa Caravana Francisco de Assis, fundada em junho de 2013 em nossa cidade de Guarulhos (SP), dividiremos com todos vocês um pouquinho desse manancial de amor que mudou a minha vida e norteou a de todos os amados caravaneiros, que, sem pestanejar, aceitaram de forma brilhante nosso convite, fazendo reluzir ainda mais este importante momento.

Espero que todos vocês, ao lerem esta singela obra, permitam-se dedicar um pouco do precioso tempo de suas vidas para praticar e impulsionar aqueles que os cercam a ações de caridade. Se este livro conseguir promover pelo menos esse despertamento e criar um elo de amor entre os leitores, meus esforços já terão valido a pena.

Com todo o meu carinho,

Ronel Alvares Barbosa
Outono de 2019

Meu primeiro trabalho como voluntário

Nunca se preocupe com números. Ajude uma pessoa de cada vez, e sempre comece pela mais próxima de você.
(Madre Teresa de Calcutá)

Vocês podem estar pensando assim: "Como será que o autor iniciou seus trabalhos?". Falarei um pouco sobre nossas atividades no campo da caridade. Tudo se iniciou no ano de 1992, quando eu estava noivo de minha atual esposa, Margarete. Fomos conhecer o Centro Espírita Perseverança, que fica na zona leste de São Paulo e é dirigido por dona Guiomar Albanesi, fundadora daquela instituição. Ficamos encantados com tudo o que vimos e ouvimos dela.

Voltando aos nossos lares, refletimos muito sobre o projeto social que aquele grupo de irmãos, movidos por muito amor, carinho e devoção, nos apresentou. Soubemos de suas creches, que na época eram onze; do trabalho Amigos do Bem (campanha de alimentos, roupas e medicamentos para a região do Nordeste brasileiro); e de outras tantas atividades que ali eram desenvolvidas.

Na próxima visita ao centro, fomos à secretaria para nos informar sobre se poderíamos ajudar de alguma forma. A instrução que recebemos foi de que deveríamos começar frequentando a casa, fazendo cursos, contribuindo para a manutenção das creches e outras despesas.

Seguimos as orientações e vivenciamos dois anos de interação, amizade, estudos, e, ao término do Probem (curso básico oferecido pela casa), tínhamos a opção de continuar por lá ou procurar outra instituição mais próxima de onde morávamos para darmos continuidade às atividades e colocarmos em prática tudo o que ali aprendemos.

Em dezembro de 1994, eu e Margarete nos casamos e fomos morar na zona norte. Então preferimos dar continuidade ao voluntariado naquela região. Não foi tão fácil encontrar outra casa rapidamente. Passamos pelo menos por duas instituições, mas não nos identificamos com elas. Porém, tínhamos a certeza de que Deus iria nos colocar no lugar certo, no tempo certo.

Em 1998, fui conhecer a Sociedade Espírita Mãos Unidas (Semu). À época, fomos recebidos pelo senhor Américo Sucena, passamos por uma entrevista e nos colocamos à disposição do serviço. Como não poderia ser diferente, começamos a frequentar a casa, fazendo os cursos ali oferecidos.

Com o passar dos meses, fomos convidados a participar da sopa fraterna, que era servida aos sábados à população carente. Que alegria para os nossos corações! Que momentos inesquecíveis! Quanto aprendizado! Conquistei não apenas amigos, mas parceiros para a vida toda. Uma nova família espiritual me foi confiada, e só posso agradecer a Jesus e aos benfeitores pelos quatro anos e seis meses em que tive a honra de participar de um trabalho voluntário, que me preparou para alçar voos mais altos.

Novos rumos, mas a história e o amor continuam

Em 2003, mudei-me de São Paulo para a cidade de Guarulhos. Tudo novo, a cidade ainda desconhecida e a busca por novas oportunidades de trabalho nos campos material e espiritual. Algumas dificuldades surgiram; nossos familiares ficaram longe, nossos amigos também, mas a disposição para continuar em algum projeto estava mais latente que nunca.

Surgiu então a oportunidade de fazer parte do Núcleo Espírita Miramez. Novas tarefas, novos desafios, e ali atuamos por dez anos, lidando incansavelmente em várias frentes de trabalho: visitas a hospitais, a comunidades carentes, participando da sopa fraterna...

Com alguma bagagem, resolvemos, por meio de uma orientação espiritual, formar um novo grupo por meio do qual iríamos auxiliar os irmãos que se encontravam momentaneamente em estado de rua. Como coordenador e responsável por aquela tarefa, fui ao encontro de corações que também buscavam uma oportunidade de trabalho voluntário. Foi assim que nasceu a Caravana Francisco de Assis.

O grupo cresceu e as responsabilidades também. Começamos assistindo sessenta irmãos nos primeiros anos. Hoje atendemos por volta de cem pessoas, levando-lhes, nas noites de quinta-feira, o pão material e o alimento espiritual: livros, roupas, utensílios pessoais, amor, respeito, carinho, e sempre a palavra e o ombro amigos.

Como podem observar, o amor em ação nos contagia, nos melhora como seres humanos, nos transforma e nos leva a aprender a valorizar o nosso tempo; a enxergar os muitos que sofrem e que passam despercebidos em nossa sociedade. O voluntariado nos mostra o valor de cada um deles, e o melhor de tudo: nos faz aprender com todos eles!

Se você sentiu em seu coração algo mais profundo, chegou o momento também de se juntar a nós. Não é algo impossível, não está tão longe, não é tão difícil assim. Mas exigirá disposição, amor, disciplina e motivação para somar-se a tantos outros corações que já despertaram para a caridade. Com certeza as vidas desses trabalhadores não são mais as mesmas. Mudaram para muito melhor!

Dizem que, quando o trabalhador está pronto, o serviço aparece. Pois bem, muitos necessitam de sua ajuda, de seu apoio, de suas mãos... Quem sabe nos veremos por aí? Ficarei honrado em saber que, de alguma forma, pudemos tocar seu coração, mudar a sua maneira de encarar o mundo e transformar a vida de tantos que anseiam simplesmente por um sorriso, um pouco de amor, carinho, respeito...

Junte-se a nós!

Francisco de Assis, um exemplo vivo de trabalhador de Cristo a todos nós

Comece por fazer o que é necessário, depois o que é possível e, de repente, estará a fazer o impossível.
(São Francisco de Assis)

Quero lhe presentear com alguns dados sobre este que foi um dos maiores exemplos de caridade que passou pela Terra. Nascido nos anos finais do século XII, em Assis, na Itália, Francisco escreveu seu nome nos autos da história humana. Peço licença para expor neste capítulo alguns fatos e passagens desse jovem que desde cedo foi direcionado (compromisso assumido anteriormente) para as coisas do próximo.

Diz a história que Francisco era uma criança que envolvia a todos com seu olhar, meiguice e vocação para o canto. As pessoas ficavam encantadas quando ele resolvia cantar e alegrar a todos com suas trovas. Conta-se que o pai, Bernadone, aproveitando-se desse dom, levou-o ao seu comércio, sentou-o no balcão e pediu-lhe que começasse a cantar. Com isso, conseguiu atrair muitos clientes para a sua loja.

Francisco foi criado com todos os caprichos da época. Filho de um rico comerciante da cidade, não lhe faltava nada. Porém, um dia o pai viajou a negócios e o deixou encarregado de cuidar da loja junto a alguns funcionários. Nessa época, ele já era um rapaz, e o genitor lhe confiava a responsabilidade do caixa.

Foi quando um cliente importante adentrou o estabelecimento para comprar tecidos. Francisco já o conhecia e sabia que deveria atendê-lo bem, pois se tratava de um ótimo freguês que fazia compras para revenda. As horas se passaram, o cliente comprou muitas mercadorias e o jovem ficou feliz, pois seu pai iria ficar muito orgulhoso de seu trabalho.

Porém, de repente, um pedinte adentrou a loja e pediu a Francisco que lhe desse "uma esmola, pelo amor de Deus". O rapaz, sem jeito por conta do cliente, disse que não tinha nada para dar e pediu a ele que fosse embora. Assim, finalizou a vultosa venda, já antevendo a felicidade de seu pai.

Mas algo estranho aconteceu com Francisco. Ao acompanhar o cliente até a porta, uma estranha sensação invadiu-lhe o coração, e ele se perguntou por que havia tratado mal aquele infeliz. Por que não lhe dera algumas moedas? Com esse pensamento, ficou triste e decidiu ir atrás dele.

Quando saiu da loja, viu que o mendigo estava sentado ali próximo. Foi até ele, ajoelhou-se, pediu desculpas chorando e deu-lhe algumas moedas – o suficiente para que o pobre homem pudesse comer e se vestir.

A partir desse dia, Francisco passaria a ter novas preocupações em sua vida. Queria entender a razão de algumas pessoas terem tantas posses e outras precisarem esmolar para terem o mínimo necessário para sua sobrevivência.

Espero, com este relato, lembrar-lhes que já se foi a época de mantermos os olhos voltados apenas para os nossos interesses, para o nosso mundo interior, para as nossas preocupações. Estamos aqui por um motivo, por uma causa. Francisco de Assis foi um dos apóstolos do Cristo que nos legou inúmeros exemplos de caridade, humildade, amor e dedicação a Jesus. Que tomemos coragem; que tenhamos disposição e a iniciativa de também servir ao Cristo, pois ele nos aguarda e nos convida diariamente ao serviço no bem.

Sou suspeito para falar de Francisco, para contar suas histórias, pois, com a nossa Caravana, que leva seu nome, tivemos a oportunidade de colocar em prática muito de seu legado e ensinamentos.

Chico amor, humildade e caridade Xavier

O dia em que o homem começar a amar o próximo como a si mesmo, a Terra, como por encanto, se transformará!
(Chico Xavier)

Neste capítulo falaremos deste que foi, em seus 92 anos de passagem pela Terra, o maior exemplo de humildade, amor e caridade que esteve entre nós nos últimos tempos. Francisco de Paula Cândido Xavier (Chico Xavier) nasceu em Pedro Leopoldo, cidade pacata de Minas Gerais, no dia 2 de abril de 1910. Durante a sua trajetória entre nós, simplesmente viveu e exerceu todos os ensinamentos que Jesus nos preconizou em seu evangelho.

Se buscarmos em suas obras, encontraremos inúmeras histórias que nos falam ao coração, sempre com o intuito de nos ensinar sobre respeito, amor, caridade e humildade, esta última sendo, sem dúvida, uma de suas maiores virtudes.

Chico Xavier, no exercício de seu apostolado, jamais encontrou facilidades. Aqui vai uma dica para todos nós, cristãos, espíritas, católicos, sem exceção: não pensemos que pelo fato de termos iniciado um trabalho à frente de uma instituição, ou mesmo de caridade em favor dos menos favorecidos, granjearemos privilégios ou condições especiais que nos isentem das dificuldades da vida.

Se observarmos, nem Jesus foi poupado das dores, das dificuldades e da agonia que lhe foram apresentadas. Portanto, trabalhar na obra com Jesus permitirá que possamos verdadeiramente praticar e dar a nossa cota de sacrifício, renúncia e testemunhos de amor ao Cristo.

Não queremos desanimar ninguém, apenas dizer que caminhar com Jesus é viver os seus exemplos e colocá-los em prática, mas nem sempre será algo simples, pois muitas vezes seremos julgados, condenados e injuriados.

Porém, podemos afirmar que todo trabalho voluntário é uma bênção de Deus, pois ocupa nosso tempo ocioso, nos auxilia na evolução material e espiritual, nos aprimora no aprendizado da disciplina de que tanto precisamos para alcançar, quem sabe um dia, a humildade do servir.

Dentre as inúmeras histórias deste iluminado irmão, recordo-me de uma:

Após as exaustivas noites de trabalho com as psicografias, Chico nunca deixava de beijar as mãos de cada um que saía. Um dia, alguém o questionou sobre essa atitude, dizendo: "Chico, você não sabe que é pelas mãos que contraímos vírus e bactérias? Por que então as beija?" Ele respondeu com simplicidade: "Meu irmão, eu beijo as mãos porque não tenho como beijar os pés. E, outra, quem somos nós? Veja, meu nome é Francisco, você tira o 'Fran', o que sobra? 'Cisco'. É isso que sou perante Deus, nada mais".

Que todos nós possamos entender que nossa estada na Terra é um convite ao trabalho harmonioso com Jesus, e que a maior bênção é podermos aproveitar cada instante, cada minuto de nossas vidas, nos aprimorando, estudando e nos dedicando ao trabalho no bem: amando, perdoando, servindo e auxiliando sempre a todos que cruzam o nosso caminho.

Chico Xavier (cisco de Deus), fica aqui o nosso enorme agradecimento por tudo o que fez, por tudo o que viveu e exemplificou, por todo o seu legado, não só em suas mais de 430 obras, mas em seu testemunho vivo a todos nós. Só temos isto a dizer neste instante: Gratidão por nos conduzir ao caminho do bem.

Uma missionária da caridade chamada Madre Teresa de Calcutá

*O bem que você faz hoje pode ser esquecido amanhã.
Faça-o assim mesmo.
Veja que, ao final das contas, é tudo
entre você e Deus!
Nunca foi entre você e os outros.*
(Madre Teresa de Calcutá)

Agnes Gonxha Bojaxhiu, conhecida por todos nós como Madre Teresa de Calcutá, nasceu na Macedônia, no dia 26 de agosto de 1910. Entrou para a Casa das Irmãs de Nossa Senhora do Loreto, na Irlanda, em 1928. Tinha um sonho: ir para a Índia, onde faria o seu trabalho missionário com os pobres. Em 1931, fez votos de pobreza, castidade e obediência, recebendo o nome de Teresa.

Irmã Teresa partiu para a Índia em busca de sua missão. Teve um chamado interior que a fez abandonar o noviciado e se dedicar cem por cento aos necessitados. Religiosa, e sob a obediência ao arcebispo de Calcutá, fez um curso breve de Enfermagem, sempre pensando no próximo.

Formou então um pequeno grupo para dar aulas e rapidamente esse grupo cresceu (50 crianças). Sua preocupação também aumentou, mas jamais se desesperou ou desanimou. Alicerçada em sua fé em Cristo, e com uma força interior inabalável, saiu às ruas para pedir auxílio aos comerciantes para a manutenção daquelas crianças. E todos ajudavam.

Com seus gestos e palavras amigas, sempre tinha as mãos prontas ao serviço. Aos poucos, outras irmãs se juntaram a Teresa, e o trabalho só aumentava a cada dia. Elas ganharam, então, o nome de "Missionárias da Caridade", prestando serviços aos mais pobres dos pobres por meio da vivência do evangelho de Jesus Cristo.

Como podemos observar, quando o trabalhador está pronto e atende ao pedido dos céus, todas as portas se abrem. Este é o intuito de relembrar, em poucas palavras, mais este lindo exemplo de nossa irmã Madre Teresa de Calcutá, que serviu à causa de Jesus em seus 87 anos de vida e de serviços prestados aos necessitados.

O importante aqui é termos em mente que todos nós, ao nosso tempo e do nosso modo, podemos fazer a diferença na vida de alguém. Vocês podem estar pensando assim: "Mas eu não sou Francisco de Assis, Chico Xavier ou Madre Teresa, que foram verdadeiros apóstolos de Cristo". E eu lhes digo que sigamos o exemplo de seu amor, de sua dedicação, de sua fé e de seu comprometimento com a máxima: "Ama a Deus sobre todas as coisas e ao próximo como a ti mesmo".

Existem várias formas de prestarmos serviço, com as nossas mãos e o nosso tempo, à obra de Jesus. Se observarem, verão que o tempo todo estamos apontando maneiras e exemplos que possam despertar em seu coração a atitude de dizer: "Sim, eu quero fazer parte desta legião da caridade".

Este é o meu convite a cada um de vocês, para que entendam que não precisamos dispor de coisas inimagináveis, ou mesmo de algo que esteja distante ainda de nós, mas simplesmente de um pouco de disposição, de boa vontade, de um convite amigo, e, quem sabe, logo estaremos todos envolvidos neste nobre propósito que é o amor em ação!

Caridade segundo Jesus

Na questão 886 de *O Livro dos Espíritos*, encontraremos a seguinte pergunta: "Qual é o verdadeiro sentido da palavra caridade, como a entendia Jesus?". E a resposta: "Benevolência para com todos, indulgência para com as imperfeições alheias, perdão das ofensas".

Portanto, a caridade segundo Jesus não está restrita à esmola. Ela abrange todas as relações que temos com nossos semelhantes, quer sejam nossos inferiores, nossos iguais ou superiores. Ela nos aconselha a indulgência porque nós mesmos temos necessidade dela. E a indulgência passa obrigatoriamente pelo perdão das ofensas, pois de que vale "amar a Deus e não perdoar o nosso próximo?".

Enquanto esteve fisicamente conosco, Jesus deu inúmeros exemplos de caridade para com todos que cruzaram o seu caminho, sem distinção, mostrando que não devemos ignorar nem nos omitir frente às oportunidades que nos são apresentadas diariamente para praticar a caridade.

Jesus espera que todos nós possamos seguir os seus exemplos, não perdendo mais tempo com atos ainda pequenos e sentimentos mesquinhos como o orgulho e o egoísmo, que nos afastam dos princípios e ensinamentos que Jesus nos deixou.

Caridade com Jesus é ser presente na vida de todos, sem olhar a quem. Simplesmente sermos as mãos afanosas, o olhar sereno, o ombro amigo, o pão espiritual, a água divina que sacia a sede da alma e a ponte que religa os irmãos a Deus.

Se algo diferente o vem chamando ao serviço com Jesus, não deixe passar mais. Nutra-se de boa vontade e comece já, dando um passo por dia. Muitos nos aguardam e há bastante trabalho pela frente. Tome a iniciativa e venha fazer parte desta legião de colaboradores de Jesus. Lembre-se: nunca é tarde para começar e, se hoje é este dia, junte-se a nós.

Caridade ainda não é um comportamento espontâneo em nós

Muitas vezes, "doamos coisas" ou "favorecemos criaturas" a fim de proporcionar a nós mesmos, temporariamente, uma sensação de bem-estar, de poder íntimo ou de vaidade pessoal.
(Hammed)

É fato para a maioria das pessoas que, quando elas se encontram unicamente empenhadas na própria busca, não percebem que aqueles que com elas convivem podem estar enfrentando dificuldades muito mais intensas do que as suas. Sendo assim, deixam de amparar o semelhante, acreditando que somente com a solução de seus desafios é que se tornarão aptas para acudir o outro.

O comportamento caridoso não é algo espontâneo e natural em muitos de nós. Ser caridoso, em determinadas circunstâncias, ainda nos causa certo desconforto. E quantas são as desculpas que produzimos para não nos envolvermos com o próximo! É a falta de tempo, de recursos financeiros, de jeito... Por outro lado, quantas são as situações em que nos cobramos uma ação de maior solicitude! Quantas são as atenções que dispensamos, justamente para abrandar nossas cobranças mais íntimas!

Mas Jesus ensinou que, no ato de oferecimento, o que vale são as motivações e intenções que geram tal comportamento. Temos, então, o clássico exemplo da oferta da viúva pobre (Mc, 12:41-44). Ao colocar as suas duas únicas moedas no gazofilácio[1], diferentemente de outros que lá haviam colocado grandes quantias, ela fez com que o Cristo pronunciasse as seguintes palavras aos seus discípulos: "Em verdade vos digo que esta viúva pobre depositou no gazofilácio mais do que fizeram todos os ofertantes. Porque todos eles deram do que lhes sobrava; ela, porém, em sua pobreza, deu tudo quanto possuía; todo o seu sustento".

Para muitos indivíduos, a caridade consiste basicamente em doar aquilo que não lhes tem mais serventia e utilidade, acreditando que esse gesto seja suficiente para denominá-lo como uma pessoa caridosa.

Entretanto, a caridade é uma disposição íntima, ativa, que se manifesta das mais variadas formas: por meios de atitudes de bondade, em conselhos

---

[1] Local reservado nos templos às oferendas.

fraternos, através de um alimento, ou mesmo outros recursos, sempre através de mãos abnegadas para o bem-estar do próximo.

O autêntico comportamento caridoso é aquele que não espera ou exige reconhecimento, gratidão ou qualquer tipo de recompensa. E é justamente esse desapego dos resultados que caracteriza o indivíduo caridoso, pois ele se doa ao outro pela simples satisfação que isso lhe proporciona.

Caridade e humildade, o caminho para a felicidade

Desde a passagem de Jesus entre nós, ele sempre nos alertou sobre a importância das duas virtudes que resumiam toda a sua moral, ou seja, a caridade e a humildade. Em todos os seus ensinamentos, ele evidenciou essas virtudes como sendo, sem dúvida, o caminho da felicidade eterna. Mas também ressaltou os dois defeitos que nos afastam dela: o egoísmo e o orgulho.

Ao nos dizer: "Bem-aventurados os pobres de espírito (os humildes), porque deles é o Reino dos

Céus; bem-aventurados os que têm o coração puro; bem-aventurados os mansos e pacíficos; bem-aventurados os misericordiosos. Amai o vosso próximo como a vós mesmos; fazei aos outros o que desejaríeis que vos fizessem; amai os vossos inimigos; perdoai as ofensas se quereis ser perdoados; fazei o bem sem ostentação; julgai-vos a vós mesmos antes de julgar os outros..."[1] – humildade e caridade, eis o que não cessa de recomendar, algo de que ele mesmo dá o exemplo. Orgulho e egoísmo, eis o que não cessa de combater.

Mas ele fez mais do que recomendar a caridade, pondo-a claramente como condição absoluta da felicidade futura. Como podemos observar, não é de hoje que todas as evidências, todos os ensinamentos e exemplos de Jesus nos levam a crer que, sem caridade e humildade, não alcançaremos a "felicidade eterna".

Portanto, já se esgotou a hora das desculpas, de prorrogarmos as ações alegando que não temos tempo, que nossas vidas exigem muito de nós. Se almejamos de verdade o caminho absoluto e pleno rumo à tão procurada felicidade, comecemos agora a trilhá-lo.

Lembremo-nos de que a caridade está ao alcance de todos: do ignorante e do sábio, do rico e do pobre. A única exigência é que tenhamos amor, bondade e benevolência para com o próximo.

---

1 Tópicos do livro *O Evangelho segundo o Espiritismo*

Caridade, o amor em ação

Entrelacemos as mãos em sequências intermináveis, para que consolidemos o bem em todas as frentes do trabalho do Cristo, aproveitando e abençoando pela caridade o espaço de tempo, de modo a vivermos permanentemente com Jesus, vendo o Divino Mestre a nos induzir para a felicidade eterna.
(Miramez)

Há muito tempo Jesus nos convida a seguir seus passos. Enquanto esteve conosco, não perdeu nenhuma oportunidade de nos ensinar, corrigir e exemplificar. O seu convite ainda está de pé. Comecemos a fazer algo de positivo ainda hoje pensando no bem, agindo no bem e servindo no bem.

Que possamos sair da zona de conforto na qual grande parte de nós ainda se encontra. Que nos encorajemos ao serviço, com disposição, amor e entrega, pois, quando o trabalhador está pronto, o serviço surgirá.

Devemos nos perguntar o que temos feito com o tempo disponível. Quantos minutos ociosos nos sobram a cada dia? Não os preenchamos mais com inutilidades, pois há muito que fazer. Chega de desculpas!

Devemos, ainda hoje, fazer uma visita ao amigo acamado, dar um telefonema a alguém com quem não falamos há tempos, cumprimentar com cordialidade os que estão à nossa volta, colocar gentileza e generosidade em nossas palavras, ser tolerantes ao ouvir aqueles que anseiam por falar... Enfim, são tantas pequenas atitudes que, com certeza, farão grande diferença em nosso dia a dia, bem como aos que cruzarem o nosso caminho.

Ainda hoje, não fujamos mais de quem nos solicita amparo. Um simples sorriso poderá encher de esperança o coração de quem o receber com alegria. Portanto, não nos esqueçamos de que somos todos irmãos perante Jesus.

A caridade praticada e exercida, em qualquer tempo, é como uma árvore carregada de frutos. Não raro, quem vem lhe pedir alguma coisa vem muito mais para lhe dar. Estenda a sua mão e receberá.

Hoje é a sua oportunidade bendita de exercer a caridade com Jesus. Portanto, fique atento às oportunidades que lhe surgirão. Há muito temos deixado passar o convite, mas hoje ele não é nosso, e sim de Jesus, que o observa há muito tempo e o convida a caminhar com ele, amando, auxiliando e servindo a todos, indistintamente.

A sua tarefa, embora muitas vezes pequenina, será a sua maior bênção. Realize o trabalho que o Mestre lhe confiou, pois ele será o seu ponto de referência, para que o socorro divino o encontre em seu endereço nas horas angustiantes de aflição.

Caridade, o ato que alimenta a alma

A caridade é um exercício espiritual... Quem pratica o bem, coloca em movimento as forças da alma.
(Chico Xavier)

Você já observou que todos os que praticam o bem sem olhar a quem são pessoas mais felizes, mais realizadas consigo mesmas? São espíritos que amealham na alma as reservas de boa compreensão, emitindo o tesouro de amizade e entendimento que o Mestre nos confiou em serviço ao bem de quantos nos rodeiem, estejam eles perto ou longe.

Chico Xavier nos lembra, de forma clara e concisa, de que a caridade é um exercício espiritual. Para tanto, necessitamos praticá-lo em prol de nossos irmãos, fazendo com que a caridade vire rotina diária em nossas vidas, transformando e gerando em nós oportunidades de crescimento e elevação.

Talvez você esteja se perguntando: "Mas o que eu tenho para ofertar a quem quer que seja? Como começar? De que forma posso fazer isso?"

Lembre-se de que todos nós somos portadores de inúmeras virtudes, e às vezes só necessitamos de um "despertamento". Então, comecemos sempre pelas coisas mais simples. Por exemplo: juntando roupas, sapatos, toalhas, cobertores e outros bens que não usamos mais e doando-os a alguma instituição beneficente.

Importante conhecer essas instituições e saber do que cada uma mais necessita, quem é o seu público-alvo, e passar a recolher donativos também com amigos, vizinhos, parentes... Você perceberá que esse movimento lhe trará uma imensa sensação de alegria e bem-estar.

Em um segundo momento, podemos nos oferecer ao trabalho caritativo em algumas instituições, pois todas são carentes de voluntários. Nos dias atuais, existem inúmeras entidades filantrópicas precisando de servidores de boa vontade.

A dedicação a esse tipo de trabalho nos traz grandes oportunidades de crescimento, de aprimoramento e evolução, e ainda nos propicia o exercício verdadeiro do amar, auxiliar e servir. Portanto, sejamos irmãos dedicados às tarefas de servir ao próximo, porque, em verdade, o amor que se irradia em bênçãos de felicidade e trabalho, paz e confiança é a maior de todas as dádivas.

Agora que já temos uma ideia clara de como começar, não deixemos mais o tempo passar! Todos os trabalhadores voluntários são almas generosas, compartilhando belas experiências. Estando entre eles, você sentirá algo fantástico acontecer em sua vida. Passará a ser útil às causas nobres e ainda criará vínculos com uma nova e maravilhosa "família".

Esperar mais o quê? Vamos nos unir hoje mesmo a algum projeto, a algum trabalho voluntário que fará grande diferença na vida de alguém.

A caridade começa no lar

Jesus veio até nós a fim de ensinar-nos, acima de tudo, que o Amor é o caminho para a Vida Abundante.
(Chico Xavier/Emmanuel)

Meus queridos amigos, não nos esqueçamos de treinar a caridade no seio dos nossos lares. De que vale sermos campeões da caridade na rua, mas não termos o menor gesto de fraternidade junto aos companheiros que compartilham conosco a jornada doméstica?

Quando em família, a caridade esperada não é apenas a de um pedaço de pão, tampouco de um agasalho ou outro bem material.

A caridade no lar é a caridade da palavra amiga, generosa, positiva, quando tudo parecer conspirar contra a nossa felicidade.

É a caridade da paciência e da tolerância, quando os entes queridos estiverem nos tirando a paz momentaneamente.

É a caridade do perdão, quando qualquer um do nosso lar não corresponder aos nossos anseios.

É a caridade do silêncio, quando, por um motivo qualquer, se fizer gritaria no ambiente doméstico.

É a caridade da alegria e do bom ânimo, quando a tristeza e o desânimo se fizerem presentes.

É a caridade do exemplo diante de tantos comportamentos deprimentes de nossa sociedade, que, infelizmente, deturpam a formação moral dos nossos filhos.

É a caridade do "culto do evangelho no lar", transformando nosso "cadinho" num recanto espiritual e propiciando a Jesus visitas permanentes, bem como de tantos outros amigos espirituais que nos auxiliam nas dificuldades, nas aflições e nos questionamentos, renovando nosso modo de viver segundo os padrões do evangelho.

Se queremos praticar a caridade, eis algumas formas simples e de fácil compreensão a todos nós. Não retardemos mais o que se faz necessário para termos uma vida saudável, equilibrada, onde reinará a paz que tanto almejamos em nossos corações.

A caridade praticada nos transforma

Cada um contribua, segundo propôs em seu coração; não com tristeza ou por necessidade, porque Deus ama o que dá com alegria.

(Paulo)

Quando observamos a afirmativa de Paulo de Tarso de que Deus ama aquele que dá com alegria, temos de nos atentar às entrelinhas, pois muitos entendem que a esmola material é o suficiente. Mas posso lhes garantir que o louvor é muito maior do que simplesmente as mãos generosas que por acaso espalham doações de bondade entre necessitados e irmãos sofredores.

Lembro-me de uma das mais belas passagens de nosso amado Francisco de Assis, quando resolveu ir a Roma pedir autorização para fundar então sua comunidade junto a doze companheiros. Eles trilhavam a estrada beirando uma floresta, quando escutaram uma matraca[1], que se fazia ser notada por um "irmão"[2] que gritava de longe: "Imundo, morfeia".[3]

Observando à distância, nosso amado *poverello* parou e esperou que o irmão se aproximasse. Este, ao avistar Francisco de Assis, encapuzado, com o odor característico da lepra que lhe tomava o corpo, estendeu as mãos e pediu:

— Uma esmola pelo amor de Deus.

Francisco o olhou profundamente, lembrou-se de que carregava duas moedas e, sem pensar muito, pegou-as e as colocou nas mãos do pedinte.

Mas o irmão continuou com as mãos estendidas e novamente pediu:

— Uma esmola pelo amor de Deus.

Francisco revirou os bolsos e nada encontrou desta vez, pois já havia dado tudo o que tinha. Então o homem pediu pela terceira vez:

— Uma esmola pelo amor de Deus.

Vendo-se naquela situação inusitada, Francisco pensou: "O que este irmão deseja mais?" Foi quando fechou os olhos, elevou o pensamento a Jesus e entendeu que aquele homem necessitava de algo mais do que apenas moedas. Então Francisco foi ao encontro do leproso, abraçou-o calorosamente e o beijou no rosto, pedindo perdão.

---

1 Matraca — instrumento feito de madeira com ferro recurvado, que servia de bracelete aos irmãos portadores de lepra.
2 Um andarilho portador de lepra, que caminhava pela floresta.
3 Morfeia: Hanseníase

Nesse momento, algo fantástico aconteceu: o odor que pairava no ar se transformou em perfume de rosas, o ambiente se modificou de tal forma que Francisco, sentindo que seu coração batia mais forte, resolveu tirar o capuz do pedinte e teve uma grande surpresa: era Jesus que o visitava. Ajoelhou-se aos pés do Mestre e lhe disse:

— És tu, Senhor! — e Jesus, olhando profundamente em sua alma, sorriu e desapareceu...

Com esse exemplo de nosso amado Francisco de Assis, lembremos que muitos anseiam por nossos gestos de amor. Portanto, fiquemos atentos à cooperação no bem. Muitas vezes somos visitados por irmãos todos os dias nos faróis, em hospitais, nas ruas, no serviço, nas instituições que frequentamos... E eles anseiam por muito mais do que apenas uma esmola.

Caridade despertada é um excelente estímulo para a alma

Quando tomamos por iniciativa o gosto pelo serviço no bem, compreendemos que podemos ser realmente úteis a tantos irmãos que sofrem, que estão caídos, que se sentem desesperados, abandonados e muitas vezes ignorados pela sociedade.

A caridade é sem dúvida o amor em ação. Podemos observar que, quando bem praticada, ela gera um bem-estar enorme a quem recebe, mas muito mais a quem doa.

Todos nós possuímos algo de bom para dar, seja o dinheiro que alivie a penúria; a instrução que desterre a ignorância; o auxílio que remova a dificuldade momentânea; ou mesmo o remédio que afaste a doença.

Lembrem-se de que todos nós podemos oferecer: consolo, entusiasmo, gentileza, solidariedade, encorajamento ou a palavra certa, que devolve a quem recebe a esperança de um porvir melhor.

Aprendo muito com esta frase de Chico Xavier: "Na caridade, eu sempre encontrei mais conforto para mim mesmo do que pudesse ter proporcionado a alguém".

Não podemos esquecer que a caridade anda de mãos dadas com a humildade. Assim, é sempre bom nos lembrarmos deste homem que foi um dos maiores espíritos contemporâneos encarnados entre nós: Chico Xavier! Ele, que em momento algum deixou de praticar a caridade, bem como a exemplificou milhares de vezes, deixando-nos, como Jesus, um legado e um norte para nos guiar.

Quem deseja empenhar-se no progresso de suas tarefas e obrigações, procure hoje mesmo ampliar seus dispositivos de auxílio aos outros e observará que o Universo sempre conspirará a seu favor.

Faça a caridade com o coração, com muito amor, e sentirá algo inusitado preenchendo a sua vida e transformando o seu caminhar. "Dá e dar-se-te-á", ensinou-nos o Cristo de Deus.

Estejamos prontos e atentos ao chamado de Jesus, pois ele nos pede há muito tempo que possamos ser a bênção na vida de alguém.

A caridade material e a caridade moral

Amai, pois, ao vosso próximo; amai-o como a vós mesmos, pois já sabeis, agora, que o desgraçado que repelis talvez seja um irmão, um pai, um amigo que afastais para longe. E então, qual não será o vosso desespero ao reconhecê-lo depois no mundo dos Espíritos!
(*O Evangelho segundo o Espiritismo* – cap. 13 – item 9)

O espiritismo nos ensina que a caridade pode ser exercida de vários modos. Por exemplo: apoio moral, ajuda espiritual ou ações mais simples como não julgar, fazer o máximo para ajudar alguém etc. Esses são alguns exemplos de caridade, que pode ser dividida em duas: a material e a moral.

Entende-se por *caridade material* aquela relacionada ao mundo físico, ou seja, normalmente ligada às doações em geral. O grande cuidado que devemos ter é o de que este ato nunca seja realizado para desprezar ninguém, tampouco para nos livrarmos de quem o recebe. Jamais devemos desprezar nosso semelhante, pois ele talvez seja um espírito que nos foi caro e que momentaneamente se encontra numa posição inferior à nossa.

Já a *caridade moral* compreende as máximas de Jesus, sendo descrita em *O Livro dos Espíritos*, na questão 886: "Benevolência para com todos, indulgência para com as imperfeições alheias, perdão das ofensas".

A caridade moral exige muito mais compreensão, exercício e dedicação, pois necessitamos de equilíbrio para aprendermos a suportar uns aos outros, aceitando as criaturas como elas são, e não como gostaríamos que fossem.

Na prática, a esmola é o bem material que doamos: dinheiro, alimento, remédio, roupa..., enquanto a caridade é essencialmente o amor ao próximo. A esmola é útil porque dá alívio aos necessitados, mas é quase sempre humilhante, tanto para quem a dá como para quem a recebe.

Já a caridade, ao contrário, liga o benfeitor ao beneficiado e pode ser feita de várias formas. Deve haver caridade até mesmo entre parentes e amigos, sendo estes indulgentes uns para com os outros, perdoando-se mutuamente as fraquezas e cuidando para não ferir o amor-próprio de ninguém.

O importante é fazer a caridade, seja ela material ou moral, pois, à medida que se renova a alegria de viver nos corações alheios, devolvem-se a eles a esperança e o bom ânimo. A Providência Divina, que tudo sabe e vê, um dia retribuirá o bem que foi feito, recebendo o benfeitor num mundo mais feliz. Mil anos atrás Francisco de Assis já dizia: "É dando que se recebe".

Mãos à obra, hoje é o seu dia!

Se tu, que estás lendo esta mensagem, tens dificuldade em amar teu próximo, trabalha mais pelo bem-estar da coletividade e deixa a alegria invadir teu coração, que esse amor de que falamos irá chegando devagarzinho e conseguirá aninhar-se no teu mundo interno, a te mostrar o Cristo dentro da tua Consciência, a te dizer: a paz seja contigo.

(Miramez)

Caro leitor, quero acreditar que, após passarmos por estes capítulos desta singela obra, renovamos nossas ideias, tomamos consciência da necessidade e da importância de colocarmos em ação este lindo ato de amor chamado "caridade".

Se você chegou até aqui, parabéns! Quero lhe falar sobre como conhecer mais de perto alguns trabalhos voltados à caridade em prol dos nossos irmãos que anseiam por nós. Seja qual for a sua vocação religiosa, tenho certeza de que ela se predispõe de alguma forma a oferecer serviços voluntários. Portanto, não perca mais tempo. Procure a instituição mais próxima de sua casa e fale com os responsáveis. Diga simplesmente assim: "Eu quero ser um voluntário. Como faço para ser útil a alguém?"

Tenho certeza de que você será muito bem recebido e, como sei do que estou falando, alguém lhe dirá: "Que bom que você está aqui! Temos muito trabalho pela frente, mãos à obra".

Entenda o seguinte: em todo serviço voluntário existem coordenadores responsáveis, que com certeza trazem bastante experiência em sua bagagem. Ouça o que eles dizem e aprenda com eles. No início, ficamos meio afoitos, algo "mágico" nos envolve; a alegria misturada ao prazer de estar sendo útil à causa é normal nessas horas.

Veja com qual tarefa você se identifica mais. Normalmente existem várias frentes, e é natural que você vá se adaptando aos poucos, criando um vínculo com os novos amigos que farão parte de sua vida. Vou mais longe: muitos deles serão parte integrante da sua caminhada, como se fossem realmente da sua família.

Agora que tomou a atitude correta, fico feliz também por você! A partir de hoje, já tem uma nova atribuição, uma nova tarefa como voluntário de uma instituição. Parabéns! Estou orgulhoso de você, mas lembre-se de que temos muito que aprender, interagir, doar, servir... Tenha sempre isso em mente.

Você está feliz, eu sei! Sinto o seu coração sorrindo também. Agora é com você. Tome essa rotina como o princípio de um novo desafio, vencendo barreiras, abrindo portas, descobrindo-se com um espírito em fase de evolução, pois todos nós estamos aqui por uma razão, não apenas para trabalhar, ganhar dinheiro, formar família, consumir, estudar, nos divertir... Tudo isso é bom, mas poder dividir nosso tempo com alguém que perdeu toda a esperança, os propósitos de vida, e que anseia por uma palavra amiga, um abraço, um simples bom-dia... é maravilhoso!

Começando nossas atividades no voluntariado

Jesus não nos pede o impossível; solicita-nos apenas colaboração e trabalho na medida de nossas possibilidades humanas, cabendo-nos, porém, observar que, se todos aguardamos ansiosamente o Mundo Feliz de Amanhã, é preciso lembrar que, assim como um edifício se levanta da base, o Reino de Deus começa de nós.
(Chico Xavier)

Como puderam observar, desde o início desta obra viemos destacando os motivos apresentados por Jesus e que nos levam à prática da caridade, para que possamos trilhar nossa caminhada na Terra de mãos ocupadas, com o coração e a alma voltados às ações que nos permitam ser verdadeiramente úteis, verdadeiros cristãos, pois do que vale dizer que amamos Deus sobre todas as coisas se muitas vezes nos esquecemos do próximo?

Jesus não nos pede o impossível; não exige nada que ainda não possamos fazer. Simplesmente nos aponta o caminho, mostrando como podemos ser úteis em nossa peregrinação. Não estamos na Terra a passeio, e sim para sermos instrumentos de auxílio, apoio e colaboração a instituições, como ONGs, templos, casas espíritas e demais entidades voltadas a trabalhos caritativos.

Agora é com você. Chegou o seu momento. Tome a sua iniciativa. Venha de alma e coração, pois há muito Jesus o aguarda para este encontro. Lembre-se de que a palavra-chave para todo serviço voltado ao próximo é "humildade". Com ela, você conseguirá inúmeras aberturas em seu caminho, pois ela cabe em qualquer lugar e abre qualquer porta.

Tenho certeza de que, assim que definir o seu local de trabalho voluntário, você dará um novo rumo à sua vida e provavelmente vai sentir alguns sintomas novos, por exemplo: uma alegria que não cabe em você; a satisfação do dever cumprido; diminuição das próprias "dores"... Você encontrará respostas para o vazio que o andava incomodando e, com certeza, ainda dará um rumo definitivo ao seu caminhar.

Parabéns por ter tomado essa iniciativa! Vamos juntos mudar a vida de tantos irmãos que nos aguardam. A primeira experiência nós nunca esquecemos. Espero de verdade que a partir de hoje você possa se integrar a alguma frente de trabalho e se realizar com ela. Sucesso!

Caravana Amigos em Ação

Dar o pano que sobra em nosso guarda-roupa é dever, mas vestir o próximo de novas ideias, através dos nossos bons exemplos, é caridade.

(Chico Xavier)

Nosso grupo de colaboradores (caravaneiros, como chamamos), após nosso encontro habitual para ação social, preparativos e organização, naquela época às sextas-feiras, preparava-se para mais uma tarefa junto aos nossos irmãos "em estado de rua", por Guarulhos e zona norte de São Paulo.

Normalmente saíamos para assistir em torno de oitenta a cem irmãos. Noites frias exigem muita atenção de todos, pois eles procuram lugares mais quentes para se abrigar, ambientes menos vulneráveis a intempéries, como marquises de bancos e locais fechados.

Vamos em forma de caravana com os nossos carros. O veículo "batedor", sempre o primeiro, tem a responsabilidade de observar os detalhes e encontrar os nossos assistidos. Este normalmente carrega em seu porta-malas chocolate quente, café, água, lanches... O segundo carro leva mais lanches, *kits* de higiene pessoal, arroz-doce, bolachas, bananas... O terceiro carro carrega roupas masculinas, sapatos, chinelos e cobertores, e o quarto transporta roupas femininas, sapatos, peças íntimas...

Prestávamos muita atenção naquela noite, pois não queríamos deixar de atender ninguém. Rodamos por vários bairros e assistimos uma boa quantidade de irmãos, mas, voltando para Guarulhos, tarde da noite, resolvemos parar na praça Adoniran Barbosa, em Jaçanã. Para nossa surpresa, tivemos uma das maiores lições de nossas vidas e a oportunidade especial de realmente servir a Jesus.

Ao abordar um irmão que estava literalmente congelado pela madrugada, pés e mãos roxos, fizemos um mutirão para dar o que tínhamos de melhor naquela hora. Ele, sem blusa, congelado, encolhido, olhou-nos e disse: "Foi Deus que mandou vocês. Eu não aguentaria esta madrugada de frio. Tinha acabado de rezar e me despedir da Terra, pois sabia que hoje seria o meu último dia aqui, e eu iria ao encontro de Jesus".

Aos olhos da espiritualidade, nada passa em branco. Os benfeitores espirituais estavam atentos e com certeza nos intuíram. Com muito amor e envolvimento dos trabalhadores da caravana, tivemos a oportunidade de salvar a vida do nosso amado irmão, que com certeza não sobreviveria.

Havia outros necessitados naquela praça, também sem recursos, sem agasalhos, e algo impressionante ainda iria acontecer. Como estávamos voltando para os nossos lares e não tínhamos mais nada para doar aos outros, fomos envolvidos por um estado de sintonia geral. Sem combinar nada, todos nós tiramos os agasalhos e vestimos aqueles que ali estavam.

Gosto muito desta frase: "Juntos, seremos sempre mais fortes!" Gratidão a todos vocês que me propiciaram, naquela noite, esta linda oportunidade de trabalho e grande aprendizado.

Caridade sempre; ela está onde menos se espera

Quem se aconselha com a caridade e lhe ouve a voz, jamais se equivoca quanto ao melhor caminho a seguir. A caridade nos aponta o que nos convém fazer, o que quase sempre difere daquilo que gostaríamos de fazer.
(Bezerra de Menezes)

Mais uma noite de muito trabalho pela frente. Já tínhamos tudo organizado: carros prontos, oração feita, todos atentos às oportunidades daquela noite abençoada. Percorríamos as ruas em busca de nossos amados irmãos. Estávamos novamente na zona norte, tínhamos assistido alguns companheiros, mas um frentista nos chamou a atenção, dizendo: "Vocês são os 'anjos da madrugada'". Nós nunca nos colocamos como tal, mas aquele "guarda" assim nos qualificou, pois observara que muitas vezes nós andávamos juntos e sempre buscando onde houvesse alguém necessitando de auxílio.

Paramos o carro, identifiquei-me, e ele nos disse assim: "Passou um rapaz há pouco por aqui e desceu aquela rua. Disse que estava com muita fome e eu dei o que tinha, mas ele me pareceu desesperado, sem rumo. Quem sabe os senhores não o encontram? Ali embaixo existe uma pequena igreja católica, pode ser que ele esteja por lá".

Avisei a todos que iríamos mudar o percurso e fomos devagar, procurando para ver se o encontrávamos. Avistei a igreja e qual não foi a surpresa ao ver que lá estava o nosso amado irmão, que, ajoelhado sobre um pedaço de papelão, chorava e dizia: "Senhor, por que se esqueceu de mim?" Paramos os carros e ele nem percebeu, tamanho era seu estado de desespero.

Estávamos em doze pessoas. Descemos e fomos ao encontro do rapaz, que se mostrou surpreso. Quando o abordamos, ele se virou e disse assim: "Não é possível! Acabei de brigar com Deus por ter me abandonado. Falei que Ele tinha me esquecido e que eu não tinha mais vontade de viver. Agora olho para trás e vejo 'doze anjos'. Me perdoe, Deus! O senhor existe mesmo!"

Todos nós nos emocionamos e tratamos de conversar com ele, orientá-lo, dar-lhe alimento, roupas, entender a sua história... Arrumamos cobertores, água, fizemos uma linda oração, todos de mãos dadas, e ele chorava. Comovidos, agradecemos a Deus e ao amigo do posto de combustível por nos possibilitar mais aquela linda história.

Nosso amigo prometeu que iria voltar para casa, onde vivia com sua irmã. Disse que não precisava viver nas ruas, pois, mesmo com sua "doença", tinha condições de encará-la e aprender a viver em família. Deus havia lhe mostrado o caminho de novo e caberia somente a ele tomar a decisão correta.

Como podem observar, é maravilhoso poder deixar Jesus nos guiar. A cada noite de trabalho em seu nome, aprendemos muito e agradecemos por ser úteis, amparando corações aflitos, amargurados, em busca somente de um pouco de atenção.

"Fora da caridade não há salvação" – eis aqui a diretriz segura para todos os instantes em que a dúvida se fizer presente em nossos corações.

Caridade praticada é como o nosso esporte preferido

O Serviço é o nosso campo de iluminação.
(Bezerra de Menezes)

    Era uma quinta-feira. Estávamos todos a postos para mais uma tarefa pelas ruas de Guarulhos. Percorremos vários bairros, sempre atentos às oportunidades, pois nem sempre nossos irmãos ficam no mesmo local, e chegamos à Vila Galvão. Eu, como batedor, observei um jovem próximo a um semáforo, batendo nos vidros dos carros e pedindo alguma coisa.

    Parei o veículo e todos pararam também. Desci e o chamei com carinho, cumprimentei-o e perguntei qual era seu nome. Ele respondeu assim: "Nas ruas, me chamam de 'Dimenor'". Indaguei se ele estava com fome. "Sim", ele disse. "Faz cinco dias que não como nem bebo quase nada". Então lhe servimos dois lanches e ele comeu com uma voracidade incrível; em menos de cinco minutos devorou tudo e tomou um litro de água.

Enquanto ele comia e bebia, eu não pude deixar de observar que seus pulsos tinham marcas de corte. Fiquei aguardando para, no momento certo, perguntar com jeitinho sobre aquilo, e ele me disse assim: "Sabe, tio, eu atentei contra minha vida, mas pessoas como vocês me socorreram a tempo, me levaram ao hospital e me salvaram naquela oportunidade".

Curioso, perguntei: "Mas por que você fez isso, meu jovem?", e ele respondeu: "Você não sabe como é humilhante viver nas ruas. As pessoas não são como vocês. Elas nos ignoram, têm medo de nós, nos destratam... Além disso, é muito difícil conviver com os outros que estão aqui, pois eles, na grande maioria, se drogam, usam álcool por conta do frio e outras coisas mais".

Nesse instante, todos nós paramos e refletimos sobre suas palavras. Então questionei: "Dimenor, por que está nas ruas? Por que não volta para sua família?" Ele me contou que era de Minas Gerais e que estava num carro vindo para São Paulo com seus familiares, na esperança de mudar de vida, quando um acidente trágico na Rodovia Fernão Dias tirou a vida de todos. Somente ele sobreviveu, mas estava sem rumo, sem destino, e acabou ficando em Guarulhos.

Nós perguntamos: "Mas você não tem mais ninguém?" Ele disse que não e completou: "Sabe, tio, eu não vou ficar aqui por muito tempo. Daqui a duas semanas irei embora. Vou me encontrar com minha mãe". "Como assim?", perguntei. "Como vai se encontrar com sua mãe?" Ele me olhou nos olhos ao dizer: "Eu já planejei tudo. Daqui a duas semanas será Natal. Decidi que vou me drogar e pular de cima daquela ponte. É assim que encontrarei minha mãe".

Estávamos comovidos e preocupados com aquele depoimento. Esperei um pouco e disse: "Dimenor, você está enganado. Não é tirando a própria vida que se encontrará com os seus pais". Ele retrucou: "Mas, tio, eu vou morrer e aí vou me encontrar com eles, não é mesmo?" Aproveitei este momento para sentar e conversar bastante com ele sobre espiritismo, fé, esperança, Deus...

Quando terminamos o diálogo, eu já tinha tudo em mente: nós iríamos passar o "Natal Solidário" com ele. Então falei: "Dimenor, eu e meus amigos iremos passar a ceia de Jesus com você". Assustado, ele disse: "Mas, tio, o senhor e seus amigos têm suas casas, suas famílias, por que irão vir às ruas para ficar com pessoas como nós, que não temos nada para lhes dar?"

Eu respondi: "Querido, você é que pensa. Oportunidades de trabalho como estas fazem de todos nós pessoas melhores, menos egoístas, mais caridosas, mais próximas de Jesus. E, como ele mesmo nos ensinou, de que vale ter tudo na vida e não se lembrar dos irmãos mais necessitados que estão em nosso caminho?"

O jovem, surpreso e incrédulo, perguntou: "Mas vocês virão mesmo?" Eu disse: "Claro que viremos. E tem mais, somos nós que cozinhamos o jantar da ceia com Jesus. Teremos o maior prazer de cear com você!" Nesse momento ele me olhou emocionado e falou: "Se vocês vierem mesmo, eu não cometerei suicídio, mas, se não aparecerem, nunca mais me verão". Saímos dali com um sério compromisso assumido junto àquele rapaz e a Jesus. Não poderíamos decepcioná-lo.

Duas semanas se passaram. Chegamos ao local determinado na esperança de reencontrar "nosso menino", mas ele não estava ali. O susto foi geral! Subimos um pouco mais a rua e finalmente o localizamos. Quando o chamei, ele correu em nossa direção, chorou e me abraçou emocionado. Então fizemos uma oração e comemos a refeição feita com muito amor para aquele momento.

Ao término, precisávamos ainda atender a muitos assistidos naquela noite. Dimenor me disse que não pensava mais em praticar aquele ato. Nós o presenteamos com um evangelho, roupas novas, demos--lhe um panetone, e ele ficou muito feliz. Antes de nos despedirmos, ele falou que havia pensado muito e resolvera sair daquela vida. "Amanhã mesmo irei voltar para Minas. Lembrei-me de um parente que tenho lá e vou-me embora, tio."

Ficamos felizes, percebendo que o rapaz havia tomado a melhor decisão. No outro dia passei por lá para saber notícias e ele havia deixado o seguinte recado: "Diz para os tios que fui embora para a minha terra. Irei pegar carona com os motoristas que passam pela Rodovia Fernão Dias e darei um jeito de chegar ao meu destino".

Nunca mais soubemos nada sobre aquele jovem, mas até hoje o temos em nosso coração, pois, sem dúvida, aquele foi um dos mais importantes Natais que celebramos junto a Jesus!

Na companhia de Jesus

> O Senhor não olha tanto a
> grandeza das nossas obras.
> Olha mais o amor com que são feitas.
> (Santa Teresa de Ávila)

Era mais uma noite de trabalho. Desta vez, algo extraordinário estava por acontecer e nós nem imaginávamos...

Na semana que antecedeu a nossa ação, algo me chamou muito a atenção. Estudando e refletindo, eu tinha feito uma leitura sobre um capítulo da obra *Alguém me tocou*, de José Carlos de Lucca (escritor, orador e fundador do Grupo Esperança). Após a leitura, fiquei me perguntando que "fé" era aquela da mulher hemorrágica, que sofrera por tantos anos e que ficara curada em apenas um encontro com o

Rabi. Então me perguntei se Jesus não estaria mais próximo de nós do que imaginamos; se ele também não nos toca e nos cura sem que o percebamos.

Todos a postos, oração feita, carros prontos, saímos às ruas. Mantínhamos o nosso roteiro, quando algo inusitado aconteceu: vimos um caminhão parado, com o motor ligado e os faróis acesos. Ao procurar ver o que estava acontecendo, nos deparamos com o motorista caído no chão, pois acabara de sofrer um infarto.

Na hora ficamos sem ação, mas logo tomamos a iniciativa de ligar para o Serviço de Atendimento Móvel de Urgência (Samu), porém a informação que nos chegou foi a de que iria demorar mais de uma hora, por conta de outras ocorrências. O que fazer? Não podíamos deixá-lo sozinho. Então resolvi deixar alguns de nossos companheiros com ele até o socorro chegar, e o restante do grupo daria continuidade aos trabalhos. Marcamos um ponto de encontro e assim foi feito.

Atendemos alguns irmãos e em seguida fomos ao local marcado para o encontro. Já passava de uma hora da madrugada e muito trabalho ainda nos aguardava. Paramos os carros e pela primeira vez eu não saí para abordar os assistidos; pedi para ficar no carro para a distribuição, pois estava com uma forte dor no pé esquerdo, que me incomodava muito naquela noite.

Todos foram ao encontro dos assistidos, que moravam na beira de um córrego, e me diriam o que separar para os homens e mulheres que estavam no local. Como fiquei sozinho, resolvi aguardar do lado de fora do carro. De repente, avistei um vulto que me pareceu ser de um homem e fiquei observando. Ele andava no meio da pista e, quando menos esperava, estava na minha frente: magro, limpo, educado... Olhou para mim e disse: "Irmão, você tem algo que eu possa comer?" Olhei bem para ele e respondi que sim. A seguir perguntei-lhe o nome e ele disse que era Paulo.

Apresentei-me também, trocamos cumprimentos, e eu lhe servi dois lanches. Preocupado que ele comesse a seco, ofereci chocolate, café ou água, e ele respeitosamente me agradeceu, dizendo que somente o pão lhe era necessário. Porém, vendo que ele não comia, falei: "Paulo, pode comer, querido!" Ele respondeu: "Só depois de agradecer ao Pai".

Observei que algo estava diferente. "Ele" nunca havia cruzado os nossos caminhos. "Ele" estava limpo, bem cuidado, falava bem, e parecia me entender como se pudesse ler meus pensamentos. Olhou-me nos olhos e disse: "Não é porque estou limpo ou porque me cuido que não necessito do vosso alimento. Não é porque não bebo, ou não uso qualquer tipo de droga e álcool, que não seja também um necessitado". A seguir, calou-se por alguns minutos, e eu fiquei pensando no que dissera ao meu coração.

Foi quando todos chegaram com a lista de necessidades dos nossos assistidos. Cumprimentaram-no e "ele" ficou observando os nossos atos. Depois me pediu um cobertor, pois a madrugada estava fria.

Os necessitados foram atendidos, e "ele" continuou ali nos observando. Foi quando lhe perguntei: "Paulo, você quer fazer uma prece?", e "ele" aceitou de imediato. No momento de nos darmos as mãos, eu estava ao seu lado esquerdo. Quando "ele" me tocou, senti algo estranho, como uma corrente de energia elétrica. Então "ele" se dirigiu ao nosso querido Sidinei e falou: "Reze para nós". Nosso irmão rezou com muita profundidade e todos sentiram uma corrente do bem que passava de mão em mão. Houve muita emoção naquele momento.

De repente, "ele" tomou a palavra de uma forma singular e, com uma voz rouca, como se fosse a de um profeta, disse: "Toda vez que deres de comer e beber a um dos meus, é a mim que alimentas. Toda vez que vestires a um dos meus, é a mim que acolhes. Todos vocês foram escolhidos pelo meu Pai que está no Céu. Um dia adentrarão o reino dos céus e todos se sentarão à sua direita, com a certeza do dever e das obrigações cumpridas".

Nem preciso dizer que todos nós choramos copiosamente, olhando um para o outro – todos envolvidos pela corrente magnética que se formara. Paulo terminou sua fala e foi voltando ao normal. Observou-nos um a um e disse: "Agora vocês podem ir. Eu seguirei o meu caminho e vocês o de vocês. Deus está convosco!"

Entramos nos carros. Havia algo mágico em nossos olhares e no ar. Mesmo tendo trabalhado até quase três horas daquela madrugada, ninguém sentia cansaço nem queria parar. As coisas que levamos renderam muito e pudemos auxiliar por volta de 120 assistidos.

Poderiam me perguntar: "E a dor do seu pé?" Então, passou... Como podem observar, são momentos únicos e especiais em que, envolvidos por amor, respeito e carinho, somos sempre presenteados. Mesmo se pensarmos que vamos simplesmente doar, acabamos recebendo as bênçãos de Jesus nessas oportunidades.

Senhor, só temos algo a lhe dizer: "Que nossas mãos estejam sempre disponíveis ao trabalho, que sejamos sempre humildes em nossas ações e que prevaleçam sempre em nós os teus ensinamentos e os teus exemplos. Que tu possas estar sempre nos guiando, orientando e cuidando de cada um de nós".

O amor em ação resgata corações

Começa agora as tuas reformas de costume, seguindo as pegadas de Mestre dos mestres, que encontrarás a paz de consciência no trabalho incessante de amor e caridade, passando a colher da vida, a vida de Deus nos céus de ti mesmo.

(Miramez)

    Hoje iremos retratar a história do senhor Valdir. Sem dúvida, um marco para todos nós trabalhadores, pois nunca imaginaríamos o desfecho daquele atendimento despretensioso, mas sempre de forma amorosa e respeitosa.

    Mais uma noite se iniciava em nosso grupo; estávamos em doze caravaneiros. Desenhamos o percurso e tínhamos tudo acertado, cada ponto, cada local. Chegamos ao bairro Vila Galvão, pois sabíamos da presença de alguns irmãos no coreto e nos dirigimos para o local. Como de costume, sempre descem dois para a abordagem inicial e, após as ações preliminares, chamamos o grupo e dividimos as funções.

Observei que havia cinco pessoas naquele local, mas um em especial nos chamou a atenção. Era o senhor Valdir. Lúcido, magro, com uma generosidade fantástica. Sempre muito educado, pedia que atendêssemos os outros primeiro. Ficou claro para nós que ele tinha um coração de ouro. Assim, foi o último a ser assistido.

Após o atendimento habitual, conversávamos um pouco e encerrávamos sempre que possível com uma prece. Depois nos despedíamos, já deixando o próximo encontro marcado.

Por muitos meses visitamos aquele local e cuidamos de todos, mas algo em meu coração dizia para me aprofundar na história daquele homem. Ele era diferente; preocupava-se com todos, cuidava do local e do entorno, era asseado e gostava de manter suas coisas bem organizadas. Ele tinha, inclusive, o aval da Guarda Civil Municipal (GCM) para permanecer ali durante as noites; era respeitado por todos, e tudo isso me chamava a atenção.

Em uma daquelas visitas, decidi conversar em particular com o senhor Valdir e pedi a ele que, se quisesse, abrisse seu coração. Sabíamos que ele tinha família: filhos, esposa, e eu disse que queríamos ajudá-lo, que nos preocupávamos com ele, pois já o tínhamos como um amigo.

Então seu Valdir resolveu me contar sua história e começou dizendo assim: "Vocês querem saber por que estou morando na rua? Vou lhes contar, então.

Eu era um pequeno empresário em nossa cidade. Tinha um comércio de pneus e estava muito bem. Criei minha família com o sustento de lá, mas uma notícia me tirou do chão: a morte prematura de meu pai, aos 47 anos, me deixou deveras triste, pois ele era tudo para mim e para os meus irmãos. Fiquei realmente desconsolado, magoado com Deus por ter levado o meu pai tão jovem; um homem trabalhador que era o meu melhor amigo.

"Mas o pior ainda estava por vir. Dias depois, meu irmão e minha cunhada, que tinham um pequeno comércio, foram assaltados por um rapaz. Meu irmão tentou reagir, foi baleado e morto. Em menos de uma semana, eu fiz dois funerais. Vocês têm noção da dor que senti? Já não tinha mais cabeça para o trabalho, só pensava em besteira. A tristeza invadiu meu coração, todos os dias eu saía para beber e chegava bêbado em casa. Então começaram as brigas no ambiente do lar. Desmotivado com a vida, eu só pensava na morte de meu pai e meu irmão.

"Mas ainda não acabou. Meu filho caçula, após uns trinta dias, resolveu sair para ir a uma festa e, por mais que eu lhe advertisse que tomasse cuidado, que não chegasse tarde, que visse com quem andava, ele foi para a tal festa. A certa altura, houve uma briga e no meio da confusão alguém sacou um revólver e atirou. Meu menino foi atingido por um tiro fatal. Diante de tanto sofrimento, minha vida se acabou. Não tenho mais nada que me prenda, e o que me resta é morrer nas ruas, pois de que vale ter tudo o que tinha sem a presença de meus entes queridos?"

Todos ouvíamos atentos e de vez em quando trocávamos olhares de compaixão. Ao fim da narrativa, o senhor Valdir perguntou: "Que Deus é este que tirou a vida dos meus amores?"

Respirei fundo, entendendo ter a minha frente uma situação delicada, mas, com a ajuda dos benfeitores espirituais, iríamos encontrar respostas e auxílio para aquele irmão. Fizemos uma prece e confabulamos após o trabalho sobre aquela história comovente. Queríamos e iríamos ajudá-lo.

Investimos naquele homem durante várias semanas, sempre com palavras de incentivo, lições do evangelho, ouvindo e ofertando a ele a esperança, o bom ânimo. Dissemos a ele que ninguém morre, que todos nós um dia iremos nos reencontrar, que Deus é um pai misericordioso, amigo, e não punitivo como ele entendia... Seu Valdir começou a se modificar e passou a se interessar por aqueles assuntos.

Demos a ele a oportunidade de retomar sua vida e o incentivamos a retornar ao lar, pois nos preocupamos em tirá-lo daquela situação. Sua filha o visitava semanalmente, pedindo-lhe que voltasse. Ele já estava quase convencido, mas nos disse que precisava primeiro tirar novos documentos, pois os havia perdido. "Preciso arranjar um emprego para depois voltar para casa", falou-nos.

Então decidimos ajudá-lo a tirar os documentos necessários para sua nova caminhada. Depois, quem sabe, recolocá-lo em algum trabalho. Foi quando ele nos contou que estava mesmo disposto a sair daquela situação e que queria conhecer o local onde nos reuníamos, ou seja, a nossa casa espírita. Fiquei encantado com sua decisão e combinei de buscá-lo no próximo domingo. Deixei-lhe roupas limpas e calçados.

No domingo, lá estava um novo senhor Valdir. De banho tomado, bem-vestido e nos aguardando cheio de entusiasmo. Chegando à casa espírita, ele demonstrou grande alegria e participou de tudo. Depois nos alimentamos e o levei de volta. Ao descer do carro, ele me disse: "Não ficarei mais aqui. Quero contar a você algo que me aconteceu. Aqui próximo tem um empresário que veio falar comigo. Ele quer que eu vá trabalhar como segurança. Vai me ajudar a tirar os documentos e tudo. Quero agradecer a todos vocês que confiaram a mim as suas amizades e me recolocaram de volta à vida, à minha família e à fé em Deus. E tem mais; um dia ainda quero estar com vocês nesse trabalho de amor e dedicação ao próximo".

E, antes que nos despedíssemos, ele completou: "Só posso dizer, do fundo do meu coração: muito obrigado por tudo que fazem e, em especial, pelo que fizeram por mim. Vocês me devolveram a esperança e a certeza de que tudo tem a sua razão de ser. Hoje eu sei que há coisas que ainda não entendemos, mas Deus sabe e não nos quer o mal, tanto é que vocês existem".

Naquela semana nosso irmão saiu das ruas, despediu-se dos amigos que fizera e retomou seu caminho com o apoio da família e um emprego, recuperando sua dignidade e confiança na vida.

Mas, se alguém precisa agradecer por essa interessante experiência, somos nós, que tivemos a oportunidade maravilhosa de vivenciá-la e, com a ajuda da espiritualidade e dos bons amigos, demos a ela um final feliz. Gratidão, Valdir, meu amigo! Sou feliz por ter cruzado o seu caminho e aprendido tanto com você!

Deus jamais se esquece de filho algum

*Onde estiver a caridade, aí se encontra
a presença de Deus.*
(Bezerra de Menezes)

Pela primeira vez nos reunimos em um novo ponto de encontro. Com alguns companheiros novos, iniciamos os preparativos, a organização, enfim, tudo que era necessário para mais uma noite abençoada. Após a prece, saímos em busca dos assistidos e encontramos novos irmãos em estado de rua. Circulamos por alguns bairros novos e, após entender que tínhamos finalizado as atividades naquela região, nos reunimos e decidimos fazer a rota habitual, em direção ao centro da cidade de Guarulhos.

Naquela noite, eu seguia à frente, pois tinha a responsabilidade de ser o "batedor", observando e encontrando novos irmãos que por acaso estivessem em lugares mais escondidos, ou mesmo andando de um lado para o outro.

Seguíamos rumo ao ponto escolhido, quando fui surpreendido, de forma sutil e meiga, por uma voz interior que chegou ao meu coração e que dizia assim: "Mude de direção". Minha primeira reação foi questionar: "Como assim? Estamos tão próximos do local combinado!", mas a voz continuava a se manifestar, apesar da sutileza com que o fazia. Como aprendi a sempre seguir minhas intuições, parei de questionar e tomei novo destino.

Mesmo sem entenderem o que estava acontecendo, todos os membros da caravana me seguiram. A mais ou menos um quilômetro à frente, eu vi um dos nossos assistidos deitado de costas sobre um colchão, distraído, as pernas cruzadas e um olhar contemplativo voltado para o céu.

Paramos os carros e alguns de nós fomos ao encontro daquele irmão. Quando o cumprimentamos, ele falou emocionado: "Não é possível! Acabei de falar com Deus e pedi a Ele um presente especial nesta noite, pois estou fazendo aniversário. Queria apenas um abraço, mas Deus mandou muito mais do que isso; mandou 'anjos' para comemorarem comigo!"

Fui contagiado pela emoção daquele homem. Chamei os outros caravaneiros, contei-lhes a novidade e todos nós abraçamos o aniversariante, felicitando-o com palavras de amor e reconforto. Diante daquela sincera manifestação de carinho, nosso irmão ficou com os olhos marejados e todos nós também nos comovemos.

Aproveitamos para oferecer roupas novas, alimento e um pequeno evangelho. Ele nos contou que sua companheira estava por chegar e perguntou se podíamos deixar algo para ela também. Enquanto separávamos os donativos, a mulher chegou e, assim, envolvidos naquela sinergia maravilhosa, demo-nos as mãos, fizemos uma linda prece de agradecimento a Deus, cantamos parabéns e nos despedimos do casal.

Quando pedimos algo a Deus, se tivermos fé em nossos corações, vocês podem acreditar que nossas súplicas sempre serão atendidas. Que noite especial aquela! Que belo presente Deus nos ofertou! Como é bom estar engajado em ações que nos permitam ser instrumentos de nosso Pai amado e misericordioso!

Não julguemos o livro pela capa

A pobreza não foi criada por Deus, mas por mim e por você, quando nós não repartimos o que temos.
(Madre Teresa de Calcutá)

Neste capítulo, quero mostrar aos leitores algumas pequenas histórias de nossos assistidos que irão surpreendê-los. Um deles, conhecido como "Poeta", sempre que nos recebe faz uma grande festa com brincadeiras e muita descontração. O Poeta nos presenteia com algumas de suas poesias, uma mais linda que a outra. De vez em quando, improvisa versos para nos homenagear. Quem o vê durante o dia, catando recicláveis pelas ruas de nossa cidade, não imagina que por trás daquele "pequeno catador de lixo", que é como alguns se referem a ele, existe um espírito nobre e talentoso.

Obrigado, querido Poeta, por nos presentear e nos mostrar que, mesmo com todas as dificuldades da vida, mesmo vivendo nas ruas, você, com sua luz própria e este dom divino que com certeza traz de vidas passadas, nos faz ver que podemos "recitar", "alegrar" as pessoas e ser felizes com o que temos e nas circunstâncias em que vivemos.

Vejam a história de um amado irmão, o senhor Sidnei, um exemplo para muitos. Há algum tempo nas ruas, tem muitas lições a nos ensinar, pois poderia reclamar, sentir-se inferiorizado e até mesmo à margem da sociedade. Logo que o conhecemos, observei que tinha certa destreza ao falar. Sempre cordial e educado, só nos pedia o necessário. Aos poucos fomos interagindo e ele quis saber de onde éramos. Falamos sobre a Caravana Francisco de Assis, ele achou interessante e disse conhecer um pouco da história do nosso patrono.

Fiquei feliz com a informação e começamos um diálogo mais pessoal. Ele contou que frequenta algumas casas espíritas e que adora ler *O Evangelho segundo o Espiritismo*. Convidei-o para conhecer nossa casa Jesus É o Caminho, e ele falou que iria assim que pudesse e que era para aguardá-lo.

Saímos todos refletindo sobre a lição dada por aquele senhor que, com tanta humildade, passando por provações tão difíceis, em nenhum momento reclamou de nada. Durante os trabalhos em nossa casa, numa noite em que eu era o responsável pela apresentação do orador, sentamos, ouvimos a palestra e, quando voltei para fazer a prece de encerramento, deparei-me com o senhor Sidnei ao fundo da sala. Fiquei emocionado ao vê-lo de banho tomado, roupas limpas, na casa de Jesus, para ouvir, aprender e nos ensinar... Gratidão, meu querido amigo!

Para encerrar este capítulo, quero deixar mais uma das tantas histórias que temos vivenciado. Estávamos em busca de nossos assistidos e, como sempre, todos os carros me seguiam quando me deparei com um irmão deitado sob a marquise de uma farmácia. Estacionamos e fomos ao seu encontro, quando algo me chamou a atenção: exatamente ao lado dele havia um pequeno cartaz com os dizeres: "Não julgue o livro pela capa".

De forma educada, ele acordou e nos cumprimentou. Perguntei qual era seu nome e ele disse chamar-se Wellington. Perguntei o porquê daquele cartaz e ele nos contou que estava passando por aquela situação havia poucos dias. Que era açougueiro de profissão, oriundo de Mato Grosso do Sul, e que viera a São Paulo em busca de uma vida mais promissora. Porém, seus recursos acabaram e as necessidades o levaram a tomar a decisão de pedir ajuda. Era desse modo que vinha conseguindo se manter, mas se sentia humilhado, pois muitas pessoas o tratavam mal, ofendiam-no ou não lhe davam a menor atenção.

Ele não nos pediu nada a não ser a nossa atenção. Após uma longa conversa, perguntei o que gostaria que lhe acontecesse, do que mais precisava, e ele falou que só queria voltar para sua terra. Olhamos uns para os outros, decididos a ajudá-lo. Perguntamos qual era a cidade, ligamos para o terminal rodoviário, checamos as informações e dissemos: "Wellington, hoje você voltará para a sua casa; para os braços de sua avozinha". Emocionado, ele se preparou, e alguns dos nossos companheiros o deixaram na rodoviária com a passagem do ônibus, alimentos e roupas.

Caros leitores, todos esses exemplos nos fazem refletir sobre quanto ainda somos egoístas, orgulhosos, maledicentes... Quanto ainda julgamos as pessoas, sem mesmo conhecer a história delas. Que a partir de agora tenhamos olhos mais amorosos, mais afetuosos, palavras amigas, mãos generosas... pois, na verdade, quem julga o livro pela capa pode estar deixando de conhecer o seu verdadeiro conteúdo, e este talvez seja bastante surpreendente!

Preciosos amigos amam mesmo sem falar

O que mais me atrai nos animais é que eles não usam palavras... Eles usam sentimentos!
(Chico Xavier)

Quero dedicar este capítulo aos nossos "irmãos animais" e sua relação direta com nossos amados assistidos. É algo impressionante essa relação duradoura e a interação que existe entre os cães e as pessoas que vivem em situação de rua. Só vendo para crer, pois são relações tão estreitas que nos deixam surpresos e comovidos.

Numa noite de véspera de Natal, nós estávamos preocupados em encontrar os assistidos, pois chovia muito e isso iria fazer com que eles se escondessem. Passando por uma avenida vi um daqueles irmãos, que ansiava pela nossa presença. Sempre muito espontâneo, sorridente, e de bem com a vida, ele jamais se separava de sua cadela, a Branquinha, a qual trazia sempre de banho tomado e bastante limpa.

Encharcado, ele tentava se proteger sob uma pequena marquise, enquanto os cobertores estavam amontoados em um canto enxuto da calçada. Aproximei-me, cumprimentei-o e perguntei por que não estava coberto, ao que ele respondeu: "É que a Branquinha está embaixo das minhas cobertas. Ela não pode se molhar, senão vai ficar doente. Além disso, a Branquinha morre de medo de trovão, então eu fico aqui pertinho dela para distraí-la".

Só quem é puro de coração e ama de verdade consegue entender o valor de uma relação assim. Exemplos lindos que nos emocionam e inspiram.

Em outra oportunidade, após abordagem, orientação e distribuição de lanches aos assistidos, vimos um deles retirar os frios que recheavam o sanduíche e, com muito carinho, dar na boca de seu cão. Sem conseguir me conter diante daquela cena inusitada, perguntei-lhe a razão de ter feito aquilo, e ele respondeu com naturalidade: "Porque ele é meu amigo, e, aos amigos, devemos dar sempre o que temos de melhor. Além disso, há muitas noites ele cuida de mim e zela pelo meu sono. O que acabei de dar é apenas um pouquinho de tudo que ele merece".

Mais uma lição de amor e gratidão exemplificada por uma pessoa humilde, mas de alma nobre. É muito comum encontrarmos cães em nossas caravanas, muitos deles bem cuidados e sempre guardiões atentos e fiéis aos seus donos.

Temos um assistido que gosta de ser chamado de "Volverini". Ele possui uma linda cadela com a qual tem uma relação extremamente amorosa. Volverini conta que a encontrou ainda pequenina e cheia de sarna. Cuidou dela com muito carinho e agora ela vive limpinha, toma banho em um *petshop* e usa um lacinho preso à cabeça. Uma verdadeira princesa!
A cachorrinha foi adestrada pelo próprio Volverini e faz tudo o que se possa imaginar. Como ele é fã de *rock and roll* e já foi cantor e guitarrista, sempre nos presenteia improvisando um "show". Ao terminar, faz um gesto que significa "cadê minha guitarra?", a cachorrinha salta no colo dele, e Volverini movimenta as mãos na barriguinha dela, fingindo tocar uma guitarra. Ela adora. É uma cena linda de se ver!

Quantos desses animaizinhos temos visto pendurados nas costas de nossos assistidos e em seus carrinhos. Hoje eu entendo perfeitamente que, quando encontramos um verdadeiro amigo, queremos oferecer a ele o que temos de melhor. E esses assistidos nos dão inúmeros exemplos dessa relação sadia e verdadeira.
Nós da Caravana Francisco de Assis há muito adotamos carregar conosco ração, vasilhas e água fresca, pois encontramos vários desses "irmãozinhos

de quatro patas" a nos recepcionarem com seu carinho, muitas vezes famintos e sedentos.

Francisco de Assis, obrigado por ser nosso guia espiritual e nos ensinar que todos somos irmãos aos olhos de nosso Pai!

O doce que nos remete às boas recordações

Quanto mais auxiliares aos outros, mais amplo auxílio recebereis da Vida Mais Alta.

(Bezerra de Menezes)

Neste capítulo quero falar sobre a agradável alegria que nós, da Caravana Francisco de Assis, sentimos ao entregar nas mãos de nossos amados aquele "potinho de doce" feito com tanto amor e carinho por uma de nossas amadas voluntárias.

Já faz algum tempo que adotamos, em nossa ação de rua, uma sobremesa para levar aos assistidos. Então surgiu o famoso arroz-doce. Alguns podem questionar: "Poxa, mas com tantas outras sobremesas, por que logo ele?".

Certa vez, eu participava como voluntário de outra casa na zona leste e fazíamos esta mesma tarefa uma vez por mês, aos sábados pela manhã. Lá também era servido aos assistidos um potinho de arroz-doce. Curioso, perguntei aos coordenadores o porquê de ser justamente esse doce, e então me explicaram que normalmente quem faz o arroz-doce em nossos lares são nossas mães e avós. Quando o assistido recebe o potinho com o cheiro e o sabor característicos dessa sobremesa, é remetido automaticamente ao tempo da infância e à lembrança afetiva de sua mãe e avó.

Quando o contemplamos com essas recordações, é como se abríssemos uma porta que faz a conexão entre o momento adverso do presente e as lembranças risonhas do passado. Assim, a espiritualidade amiga, aproveitando a emoção momentânea do assistido, muitas vezes o conecta às mães ou avós já desencarnadas, gerando energias positivas de amparo, esperança e proteção.

O senhor José mora numa praça em frente a um hotel de nossa cidade. Ele não se entrosa com os outros; tem o seu cantinho individual e as suas coisas. Desde o nosso primeiro contato, observamos nele uma característica incomum: quando chegamos, ele levanta o braço e diz: "Tudo bem, tudo bem, tudo bem?" E nós, respeitosamente, dizemos: "Tudo bem, tudo bem, seu José". Em seguida, ele nos conta várias histórias, algumas um tanto confusas. Acredito que seja em função de um estado permanente de transe que o mantém isolado de tudo e de todos.

Porém, com a sequência de nossas visitas, ele passou a nos esperar e as histórias que contava sobre o seu passado passaram a ser mais claras. Todas as vezes que o senhor José recebia o seu potinho de sobremesa, ele dizia: "Sempre me lembro da minha mãe fazendo arroz-doce como este para mim e meus irmãos, quando éramos pequenos. Era tão bom!" Em seguida ele nos contava histórias sobre seus pais, em um passado distante que ele havia perdido e agora o ajudávamos a resgatar.

Assim, passávamos momentos agradáveis ao lado desse amigo. Em nosso último encontro, ele disse que iria procurar sua família. Esperamos que a tenha encontrado e que esteja feliz. Enquanto isso, nós seguimos oferecendo o doce que nos remete às boas recordações. Senhor José, que Deus o abençoe cada vez mais! Seremos sempre gratos ao senhor!

Considerações finais ao leitor

Espero que esta singela obra tenha alcançado o objetivo de despertar em você o desejo de conhecer e servir a uma causa nobre em qualquer uma das tantas instituições sociais espalhadas por este país.

É importante ser voluntário, estar à disposição do serviço, colocar o amor em ação. Qual instituição escolher; a qual delas se filiar é uma opção individual. O que importa é saber que Jesus o aguarda há muito tempo e anseia por seu ingresso nas fileiras dos trabalhadores da última hora.

Espero poder ter estimulado aquela vontade enorme de se sentir útil, de entender de uma vez por todas que não viemos ao planeta a passeio, só para cuidar dos nossos próprios interesses, e, sim, para servir aos nossos irmãos e colocar em prática o que o Cristo citou como sendo o maior dos mandamentos: "Amar a Deus sobre todas as coisas e ao próximo como a si mesmo".

Agradecimentos especiais aos trabalhadores da Caravana Francisco de Assis

Eu não poderia contar estas histórias se não fossem meus amados amigos e irmãos, que Deus escolheu para me acompanhar neste trabalho voluntário, a cada noite mais enriquecedor.

Agradeço primeiramente a Jesus, por ter me enviado naquela tarde um de seus mensageiros e este ter me escolhido para, juntos, irmos ao trabalho com o Mestre.

Agradeço aos caravaneiros que iniciaram conosco este projeto, há sete anos. Fica aqui o meu "muito obrigado" por terem aceitado o convite e o desafio da tarefa social.

Agradeço a cada um dos meus atuais companheiros que integram a equipe, a começar por nosso mentor "Francisco de Assis", que todas as noites está presente, guiando-nos e orientando-nos em nossas atividades.

E, em particular, à minha nova família, que me enche de orgulho e faz toda a diferença neste projeto, pois são vocês, com seu jeitinho próprio, que dão forma e fazem valer a pena tudo isto.

Meus irmãos, a vocês só tenho a dizer o seguinte: "Muito obrigado, querida nova família! Eu amo cada um de vocês!"

Faço questão de apresentar aos leitores os dedicados voluntários de nossa caravana: Sidnei, Bruno, Perséfone, Dinho, Ângela, Ana, Angelina, Eliane, Felipe, Gabriela, Grazi, Ivete, Magda, Márcia, Maria, Penha, Regiane, Roberto e Thayara. Eis aqui meus "guardiões", que se revezam em suas atividades profissionais e, sempre que chamados ao compromisso, estão prontos para doar o melhor de si para mais uma enriquecedora ação de amor ao próximo.

Como mais um afago em seus corações, quero deixar aqui uma fala de Francisco de Assis:

"Benditas sejam as dificuldades que nos agridem e fazem pensar.
Benditas sejam as horas que gastamos em função do bem eterno.

Bendito seja quem nos maltrata à primeira vista e nos ajuda a melhorar.
Bendito seja quem não nos conhece e não acredita em nós.
Bendito seja quem nos compara com vagabundos e indolentes.
Bendito seja quem nos expulsa, como párias ou fanáticos.
Bendita seja a mão que nos nega o cumprimento.
Bendito seja quem quer nos esquecer, impaciente.
Bendito seja quem nos nega o pão de cada dia.
Bendito seja quem nos ataca, por ignorância e covardia.
Bendito seja quem nos experimenta no correr do tempo.
Bendito seja quem nos faz chorar nos caminhos.
Bendito seja quem não nos agrada no momento.
Bendito seja quem exige de nós a perfeição.
Benditos sejam os que nos maltratam o coração, porque, verdadeiramente, são estes, meus filhos, os nossos vigilantes e os que nos ajudam a seguir o Cristo com maior segurança, pois Deus, por intermédio deles, nos ajuda na autoeducação, de maneira que fiquem abertas todas as portas para o Amor universal."[1]

---

[1] *Francisco de Assis* - Editora Fonte Viva. João Nunes Maia. Ditado por: Miramez.

Mensagem a todos nós

"Caridade é, sobretudo, amizade.
Para o faminto é o prato de sopa fraterna.
Para o triste – é a palavra consoladora.
Para o mau – é a paciência com que nos compete auxiliá-lo.
Para o desesperado – é o auxílio do coração.
Para o ignorante – é o ensino despretensioso.
Para o ingrato – é o esquecimento.
Para o enfermo – é a visita pessoal.
Para o estudante – é o concurso aprendizado.
Para a criança – é a proteção construtiva.

Para o velho – é o braço irmão.
Para o inimigo – é o silêncio.
Para o amigo – é o estímulo.
Para o transviado – é o entendimento.
Para o orgulhoso – é a humildade.
Para o colérico – é a calma.
Para o preguiçoso – é o trabalho.
Para o implulsivo – é a serenidade.
Para o leviano – é a tolerância.
Para o deserdado da Terra – é a expressão de carinho.
Caridade é amor, em manifestação incessante e crescente. É o sol de mil faces, brilhando para todos, e o gênio de mil mãos, amparando, indistintamente, na obra do bem, onde quer que se encontre, entre justos e injustos, bons e maus, felizes e infelizes, porque, onde estiver o Espírito do Senhor aí se derrama a claridade constante dela, a benefício do mundo inteiro."[1]

Paz e bem a todos!

---

[1] *Viajor* - Editora Ide. Francisco Cândido Xavier. Ditado por: Emmanuel

Agradecimentos especiais

À memória de meus pais Juraci Francisco Barbosa e Hortência Alvares Barbosa, por terem me dado a vida e terem sido muito mais do que genitores: amigos e conselheiros. Gratidão por tudo e até um dia, meus amados!

Ao meu querido irmão Randall e à minha cunhada Agda, sempre presentes em minha vida. Gratidão por tudo!

À minha família: esposa Margarete, filha Giovanna, filho Guilherme, meu tripé, meus amores, meus companheiros de viagem neste planeta, meus educadores, sempre presentes e me apoiando em tudo.

Agradeço do fundo do coração por dividirem tudo isso comigo. Amo vocês demais!

Aos amigos com que Jesus me presenteou e que me incentivaram e me apoiaram no projeto de escrever e contar a vocês um pouco de nossas atividades. São eles: Heloísa Pires, Américo Sucena, Manolo Quesada, Josefa de Mello, Rai de Souza.

Aos colaboradores de nossa ação: Fábio (Padaria Braseiro); Licínio (Padaria City Bread); Márcia (Panificadora Brasileira de Guarulhos).

Só tenho uma frase para dizer a todos vocês: "Muito obrigado por tudo!"

Biografia

RONEL ALVARES BARBOSA tem 56 anos, é consultor comercial, casado, pai de dois filhos, trabalhador da seara de Cristo há 25 anos, palestrante, fundador e coordenador da Caravana Francisco de Assis. Atualmente é trabalhador do Centro Espírita Jesus é o Caminho, na cidade de Guarulhos (SP).

Bibliografia

Alma e coração, de Chico Xavier.
Bíblia de Estudo Almeida, Sociedade Bíblica do Brasil.
Fonte viva, de Francisco Cândido Xavier, pelo Espírito Emmanuel.
Força soberana, de João Nunes Maia, pelo Espírito Miramez.
Francisco de Assis, de João Nunes Maia, pelo Espírito Miramez.
Francisco de Assis: um anjo de Deus, de João Nunes Maia, pelo Espírito Miramez.

Lindos casos de Chico Xavier, de Ramiro Gama.
O Evangelho segundo o Espiritismo, de Allan Kardec.
O Livro dos Espíritos, de Allan Kardec.
Pão nosso, de Francisco Cândido Xavier, pelo Espírito Emmanuel.
Recados do meu coração, de Bezerra de Menezes.
Renovando atitudes, de Francisco do Espírito Santo Neto, pelo Espírito Hammed.

Referências

AMÉRICO SUCENA – dirigente da SEMU, trabalhador incansável na seara do Cristo, palestrante e escritor.

BEZERRA DE MENEZES – o apóstolo da unificação, médico dos pobres, filantropo e expoente da Doutrina Espírita.

CARAVANA FRACISCO DE ASSIS – trabalho com voluntários, formada há sete anos na cidade de Guarulhos (Vila Galvão). Coordenador e fundador: Ronel Barbosa.

FRANCISCO CÂNDIDO XAVIER – conhecido como Chico Xavier, era médium, filantropo e um dos mais importantes expoentes do espiritismo.

MADRE TERESA DE CALCUTÁ – religiosa católica, fundadora da congregação Missionárias da Caridade.

SANTA TERESA DE ÁVILA – freira carmelita; viveu no século XVI e se destacou por suas obras e pelo desapego do mundo.

SÃO FRANCISCO DE ASSIS – o santo da humildade, da alegria e da pobreza; nasceu em Assis, na Itália, em 1181 ou 1182.

OBRAS BÁSICAS
LETRAS GIGANTES

Allan Kardec | Tradução de Guillon Ribeiro

www.boanova.net | 17 3531.4444

16x23
Fonte da Letra: Helvetica 14,8
Tamanho da letra - 4mm (minúsculas)

O evangelho dos animais

Sandra Denise Calado
ditado por Equipe Espiritual da Asseama

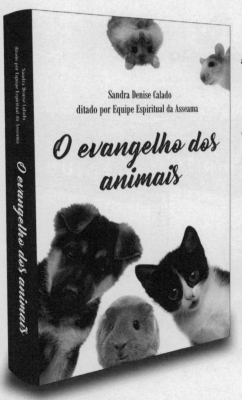

Quando Amanda viu sua querida cachorrinha Fifi morrer vítima de um acidente, seu coração se partiu e enfrentou a depressão. Embora espírita, não conseguia encontrar de início na Doutrina Espírita as respostas sobre a alma dos animais. Queria saber oque havia acontecido com Fifi, o porquê de tudo que ocorrera e qual a razão da relação que os animais mantêm conosco.

Em sua busca, encontrou outros companheiros, cujas histórias emocionantes de vida os levaram ao espiritismo, também interessados sobre conhecer melhor os animais. Foi assim que iniciaram um grupo de estudos sobre a alma dos animais. O livro traz as histórias destes companheiros dedicados e o resultado de seus estudos, mantendo-se fiel às diretrizes da Doutrina Espírita, encontrando as respostas sobre a alma animal, sua vida após a morte, o reencarne dos animais, o desenvolvimento da consciência e da inteligência, entre outras, iluminando a consciência sobre os animais e sobre nós mesmos. Vale a pena!

NOVA VISÃO
EDITORA

www.boanova.net | 17 3531.4444

RAFAEL PAPA

Prefácio de ANA TEREZA CAMASMIE

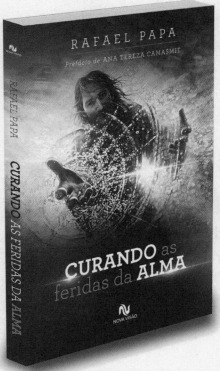

"O caos emocional tem assolado corações em todas as partes do mundo. Depressão, ansiedade, angústia e uma série de outros transtornos psicológicos têm tomado conta da rotina de bilhões de pessoas. Tais feridas, invisíveis aos olhos humanos, precisam ser tratadas para que cesse esse sofrimento psíquico. Chegou o tempo em que a ciência da Terra e a medicina espiritual precisam caminhar de mãos dadas para que os seres humanos sejam curados de forma integral. Essa obra tem o intuito de auxiliar tanto a profilaxia quanto o tratamento das mazelas psíquico-morais por meio de suas páginas repletas de reflexões. Uma dose diária é como um bálsamo nas cicatrizes da alma: nos auxilia a compreender as questões que nos angustiam o espírito e nos fortalece para tomar as melhores decisões em temas tão diversos quanto os relacionamentos, os propósitos de vida, a vida social contemporânea, os parâmetros de certo e errado, o conceito e vivência da paz. Leveza e serenidade serão, daí em diante, as marcas de nossos corações.

DOUTRINÁRIO
Páginas: 160 | 13,8x20,3 cm

978-65-8803-310-4

NOVA VISÃO
EDITORA

www.boanova.net | 17 3531.4444

Av. Porto Ferreira, 1031 - Parque Iracema
CEP 15809-020 - Catanduva-SP

www.**boanova**.net
boanova@boanova.net

 17 3531.4444
 17 99777.7413
 @boanovaed
 boanovaed
 boanovaeditora

Acesse nossa loja

Fale pelo whatsapp